Inhalt

Future Store

Kernthesen

Beitrag

Fallbeispiele

Weiterführende Literatur

Impressum

Future Store

E. Krug

Kernthesen

- Der Extra Future Store, ein Verbrauchermarkt der Metro-Group, dient als Test-Supermarkt für aktuelle hochtechnologische Innovationen. Mit diesem Pilotprojekt soll die Technik praxisnah getestet werden und darüber hinaus gleichzeitig die Reaktion und Akzeptanz der Kunden. (1), (2)
- Dieser Hightech-Store gilt als zukunftweisendes Beispiel für den stationären Handel, für den die heute getesteten Technologien in fünf bis zehn Jahren zur Standardausrüstung gehören könnten. (3), (4), (5)
- Der Future Store soll vor allem zu einer stärkeren Kundenbindung führen, eine neue

Möglichkeit eines individuellen Marketings bieten, den Einkaufsprozess effizienter gestalten, auf weitere Sicht Kosten senken und vor allem den technologischen Fortschritt für den Handel vorantreiben. (3), (6)

Beitrag

Future Store ist die Bezeichnung für einen Extra-Verbrauchermarkt der Metro-Group im niederrheinischen Rheinberg. Es handelt sich dabei um ein Projekt, bei dem eine beachtliche Anzahl von Innovationen für den Einzelhandel parallel getestet werden soll. Die Idee, die sich dahinter verbirgt, ist ein zukunftsweisendes Zeichen zu setzen, den Handel verstärkt zu modernisieren und als schöner Nebeneffekt, die negative Konsumstimmung aufzuhellen.
In diesem Supermarkt der Superlative wird eine Vielzahl von technischen Informationen getestet, die sich in den letzten Jahren in den Bereichen Warenwirtschaftssysteme, Regalbauten und Registrierkassen angesammelt haben.
Der Future Store ist in seiner Ausführung weltweit einzigartig. (1), (2), (4), (6)

Der Future Store, ein fast visionäres, vom Computer gesteuertes Einkaufsparadies

Bereits beim Betreten des Ladens mit dem Einkaufswagen wird der Kunde registriert. Dadurch wird eine Kundenfrequenzmessung ermöglicht. Einzigartig wird der Einkaufsbummel durch den Future Store allein schon durch den Persönlichen Shopping Assistenten (PSA), einem am Einkaufswagen befestigten Minicomputer. Der Bildschirm wird durch eine Kundenkarte, der Extra Future Card, aktiviert und nachdem er den Kunden namentlich begrüßt hat, zeigt er z.b. die Einkaufsliste vom letzten Besuch, die dann der Kunde selbst verwalten kann.
Zudem informiert der Computer während des Einkaufs ungefragt über laufende Aktionen, z.b. über Sonderangebote und ersetzt somit den üblichen Laufzettel. Ein Navigationssystem im Display erleichtert die Suche nach den gewünschten Produkten und gibt außerdem Auskunft über die Preise. Im Store gibt es zusätzlich noch Info-Terminals bei denen man Preise oder Informationen über die Produkte abfragen kann. Intelligente Waagen können Gemüse- und Obstarten mit Hilfe nicht sichtbarer Kameras selbständig unterscheiden und nach dem Wiegen das richtige Etikett

ausdrucken. An den Regalen befinden sich elektronische Preisschilder. Diese werden über ein lokales Netzwerk (WLAN-Verbindungen) mit aktuellen Daten versorgt. (1), (2), (3), (6), (7) Eine weitere Erleichterung bieten die Registrierkassen. Während des Einkaufs funkt der persönliche Einkaufsberater die registrierten Preise direkt an die Kasse und der Kunde weiß vorab, was er bezahlen muss. Das ist die eine Möglichkeit, um das Schlangestehen an der Kasse zu vermeiden. Die andere bietet sich durch vollautomatische Selbstzahlerkassen an denen der Käufer selbständig die Waren einscannen kann. Bevorzugt er allerdings die altherkömmliche Methode, stehen Kassiererinnen an Touchscreen-Kassen zur Verfügung. Am Ausgang befinden sich elektronische Schleusen, um Ladendiebe zu stoppen. (1), (2), (3), (6)

RFID, das Herzstück des Pilotprojekts

Zwischen allen technischen Innovationen, die im Future Store getestet werden, bildet die so genannte Radio Frequency Identification (RFID) den Kernpunkt. Die Produkte werden mit einem speziellen Etikett versehen, das mit einem Computerchip und einer damit verbundenen Mini-Antenne ausgestattet ist. Auf diesen RFID-Etiketten können wesentlich mehr Informationen gespeichert werden, als auf dem üblichen Barcode. So können beliebig viele einzelne Produkte elektronisch identifiziert werden. Die logistischen Informationen, die ebenfalls auf dem Etikett gespeichert sind, erleichtern die Kontrolle der Ware von der Produktion über den Transport bis zum Verlauf und beschleunigen den Ablauf. Das Kassieren, Lagern und Bestücken der Regale wird durch die RFID Technologie wesentlich vereinfacht. (1), (2), (3), (5), (8), (9)

Ziele, die mit dem Future Store verfolgt werden

Doch nicht nur die Technik soll in diesem außergewöhnlichen Supermarkt-Versuchslabor getestet werden, sondern auch die Reaktion der Verbraucher. Welchen Nutzen ziehen die Kunden aus diesen technischen Neuerungen, wird der Einkauf wirklich erleichtert, wie hoch ist die Akzeptanz? Besonders wichtig ist es, auszutesten ob eins der Hauptziele, das durch diese neue Art von Läden erreicht werden soll, nämlich mehr Kundenbindung und ein individuelleres Kundenmarketing, auch wirklich erreicht wird. (1), (2), (3), (6), (7)
Ein effektives CRM (Customer Relationship

Management) und den Kunden und seine Bedürfnisse zu kennen wird zunehmend zu einem entscheidenden Wettbewerbsvorteil. Im Wettbewerb zu bestehen und möglichst die Marktführerschaft zu übernehmen, ist das vorrangige Ziel, das die Betreiber des Future Stores verfolgen. Technisch an der Spitze zu liegen und den richtigen Zeitgeist zu treffen sind optimale Vorraussetzungen, ein positives Image auf- oder auszubauen und Effektivität zu gewährleisten, durchaus wichtige Komponenten, um den Markt zu bestimmen. (3), (4), (5)

Pro und Contra

Funktioniert das System des Future Stores, werden definitiv auch die Systemanbieter und Lieferanten davon profitieren. Die Werbewirkung allein ist für viele Firmen schon heute ein Grund, sich an diesem Projekt zu beteiligen. (4)
Wenn auch die Kunden sich vielleicht momentan noch mit technischen Anfangsproblemen auseinandersetzen müssen, so wird der Einkauf doch vereinfacht und beschleunigt. Technikmuffel können diese Neuerungen umgehen und relativ konventionell einkaufen. Doch nicht nur die Kunden sollen Vorteile aus diesem technischen Fortschritt ziehen, sondern auch die Mitarbeiter. Bis diese allerdings davon

profitieren werden, müssen sie noch einige Schulungen über sich ergehen lassen. (1), (3), (5), (6), (7)
Zweifler in der Branche sind skeptisch, ob sich die Investitionen, über die es bislang keine veröffentlichen Informationen gibt, im Endeffekt wirklich amortisieren werden. (5)
Leichte Unsicherheiten darüber, ob der Kunde durch die Extra Future Card noch transparenter wird, seine Einkaufsvorlieben und Waren-Favoriten noch offensichtlicher, betrachtet man als unbegründet. (7) Auch die Befürchtung, dass durch die Technik reihenweise Personal entlassen werden könnte, wird klar zurückgewiesen, da für den Future Store das Personal deutlich aufgestockt werden musste. (1)

Fallbeispiele

Am Future Store beteiligte Unternehmen

Markenartikler:Alpha, Coca-Cola, Gillette, Henkel, Johnson & Johnson, Kraft Foods, Nestlé, Procter &

Gamble, Eyckeler & Malt Fleischwaren
Technik-Partner:
SAP, IBM und Philips (RFID), Cisco-Technik (WLAN), Algo-Tec, Avery Dennison, Boston Consulting, Chep, Feig, Fujitsu Siemens, Hewlett-Packard, Hintzpeter & Partner, Intel, Intermec, Loyality Partner, Mettler Toledo, MultiQ, OAT, Oracle, Online Software, Sonopress, Symbol und Wanzl u.a. (6), (9), (10)

Beispiel für Annehmlichkeiten beim Einkauf im Future Store

Weinkauf: Ist man bei der Auswahl am Weinregal verunsichert und weiß nicht, für welche Weinsorte man sich entscheiden soll, kann man an einer elektronischen Informationstafel Auskünfte über Eigenschaften und Herkunft jeder einzelnen Weinsorte im Angebot abrufen. (2), (6)

Beispiele für kleine Anfangsschwierigkeiten im Umgang mit der Technik

Metallteile an der Verpackung können das Funknetz,

auf dem die Datenkommunikation aufgebaut ist, stören.Die Tablet-PCs geben immer wieder aufgrund leerer Batterien oder überforderter Software den Geist auf.
Die vollautomatische Waage hat Probleme mit den Plastiksäcken in denen die Frischwaren gewogen werden. (2)

RFID im Future Store

Bisher wurden nur vier Produktgruppen der Firmen Kraft Foods, Gillette, Procter & Gamle und Alpha mit den Chips und Antennen für die berührungslose Identifizierung versehen.Im Zentrallager werden die Paletten und Kartons mit RFID ausgestattet. Beim Verlassen des Lagers durch eine Schleuse erfolgt dadurch automatisch eine Registrierung. Das wiederholt sich am Wareneingang des Stores. Somit wird die Ware zuerst als im Lager erhalten vermerkt, im Store dann als in den Verkaufsraum gebracht verzeichnet.
Durch die intelligenten Regale ist eine genaue Kontrolle der Ware gewährleistet, es wird sogar vermerkt, um wie viel Uhr das Produkt aus dem Regal genommen wurde. (3), (7), (9)

Weiterführende Literatur

(1) Metro-Konzern testet den Verbrauchermarkt der Zukunft
aus Frankfurter Allgemeine Zeitung, 29.04.2003, Nr. 99, S. 19

(2) Strohm, David, Die Testkunden sind fasziniert, Im „Future Store" experimentiert der deutsche Detailhändler Metro mit Hightech: Im Einkaufswagen steckt ein Computer, in der Verpackung ein Chip, NZZ am Sonntag, 11.05.2003, S. 49
aus Frankfurter Allgemeine Zeitung, 29.04.2003, Nr. 99, S. 19

(3) Die Zukunft beginnt jetzt
aus Lebensmittel Zeitung 14 vom 04.04.2003 Seite 041

(4) Metro macht seine Kunden zu Kassierern Konzern eröffnet am Montag ersten "Future Store" " Selbstbedienungskassen, elektronische Assistenten und Funketiketten im Test
aus FTD Financial Times Deutschland vom 25.04.2003, Seite 8

(5) Metro zeigt die Zukunft
aus Lebensmittel Zeitung 16 vom 17.04.2003 Seite 001

(6) Koch, Wolfgang, Wo, bitte, geht es zum Joghurt-Regal? Die Metro eröffnet den ersten elektronisch

vernetzten Laden, Stuttgarter Zeitung, 29.04.2003, S. 11
aus Lebensmittel Zeitung 16 vom 17.04.2003 Seite 001

(7) Personal Shopping mit Claudia
aus TextilWirtschaft 18 vom 01.05.2003 Seite 050

(8) Metro verspricht Wissenstransfer
aus Lebensmittel Zeitung 18 vom 02.05.2003 Seite 028

(9) Im Future Shop testet Metro unter anderem Radiofrequenz-Identifikation, Wo der Kunde nicht hinsieht..., Computerwoche, 09.05.2003, S. 28-29
aus Lebensmittel Zeitung 18 vom 02.05.2003 Seite 028

(10) Metro testet Hightech im Verbrauchermarkt
aus Lebensmittel Zeitung 16 vom 17.04.2003 Seite 030

Impressum

Future Store

Bibliografische Information der deutschen Nationalbibliothek

Die Deutsche Nationalbibliothek verzeichnet diese Publikation in der deutschen Nationalbibliografie; detaillierte bibliografische Daten sind im Internet über http://dnb.d-nb.de abrufbar.

ISBN: 978-3-7379-1575-5

© 2015 GBI-Genios Deutsche Wirtschaftsdatenbank GmbH, Freischützstraße 96, 81927 München, www.genios.de

Alle Rechte vorbehalten. Dieses Werk ist einschließlich aller seiner Teile – z.B. Texte, Tabellen und Grafiken - urheberrechtlich geschützt. Jede Verwertung außerhalb der Grenzen des Urheberrechtsgesetzes bedarf der vorherigen Zustimmung des Verlags. Dies gilt insbesondere auch für auszugsweise Nachdrucke, fotomechanische Vervielfältigungen (Fotokopie/Mikroskopie), Übersetzungen, Auswertungen durch Datenbanken oder ähnliche Einrichtungen und die Einspeicherung und Verarbeitung in elektronischen Systemen.